بسم الله الرحمن الرحيم

A la lumière de l'Islam
ou
L'Islam en quelques mots

Hani RAMADAN

A la lumière de l'Islam

ou

L'Islam en quelques mots

troisième édition

Editions Al Qalam

ISBN : 978-2-909469-53-9

220 rue Saint Jacques 75005 PARIS
Tél : 01 44 27 07 06 Fax : 01 43 29 66 29
e-mail : alqalam@mondearabe.fr

Mise en page : Éditions Al QALAM

Avant-propos

Combien de fois ai-je reçu au Centre Islamique de Genève des personnes désireuses de se convertir à l'Islam, ou simplement de mieux connaître la culture musulmane. Au fur et à mesure des années écoulées est né en moi le désir de coucher par écrit les explications qui me venaient naturellement à l'esprit au cours de ces rencontres. Cela me tenait d'autant plus à cœur que j'avais remarqué à plusieurs reprises l'étonnement et la surprise de mes interlocuteurs qui découvraient les vérités simples et évidentes de l'Islam. Vérités cachées par le malheureux travail des médias qui présentent la civilisation musulmane comme étant génératrice de violence et de fanatisme.

Il était donc utile de mettre entre les mains de mes visiteurs – comme de tout lecteur – un support leur permettant de conserver une trace écrite des versets coraniques et des sagesses prophétiques qu'ils avaient pu entendre. Dieu fasse que par Sa parole, les cœurs s'ouvrent à la lumière de l'Islam.

Genève, février 2008

1. Un Dieu unique

La première vérité enseignée par l'Islam est que notre univers a un Créateur unique. L'intelligence humaine, lorsqu'elle est sainement orientée, finit toujours par être convaincue que l'ordre qui régit toute chose, de la plus infime particule à la galaxie la plus étendue, ne peut être le fruit du hasard. Le Coran affirme en ce sens :

« Et votre Dieu est un Dieu unique.
Il n'y a de dieu que Lui :
le Très Miséricordieux,

le Tout Miséricordieux.
Dans la création des cieux et de la terre,
dans la succession de la nuit et du jour,
dans le navire qui vogue sur la mer
portant ce qui est utile aux hommes,
dans l'eau que Dieu fait descendre du ciel
par laquelle il donne vie à la terre après sa mort,
–cette terre où il a disséminé toutes sortes d'animaux–
dans les variations des vents,
dans le nuage assujetti à une fonction
entre le ciel et la terre
il y a vraiment des Signes
pour un peuple qui comprend. »
(Coran 2, 163-164).

Etre musulman, c'est avant tout avoir la conviction intime que notre existence sur terre a un sens profond, et que l'homme ne peut en saisir la signification s'il ne se tourne pas résolument vers Dieu. La Création est ainsi chargée de Signes qui interpellent l'être humain. Le savoir et la science sont des dons de Dieu, et ils n'entrent jamais en contradiction avec la foi, mais au contraire ils la renforcent et l'affermissent.

2. Son nom est Allâh

Dans les langues sémitiques, dont fait partie l'arabe, comme l'hébreu ou l'araméen, la racine *al* (ou *el*) sert à nommer Dieu.

Dieu est appelé *El*, ou *Elah*. Le nom *Elohim* revient plusieurs fois dans l'Ancien Testament pour désigner le Dieu des Hébreux. C'est la forme plurielle[1] d'*Eloah*. On la retrouve dans le Coran : *Allâhum*, qui

1. Il s'agit d'un pluriel de majesté, comparable au *nous* de majesté dans la langue française.

est l'équivalent de « Ô Grand Allâh ! »

Le Nouveau Testament lui-même rapporte que Jésus s'adressait à Dieu en disant : « *Eli, Eli !* »[1] C'est-à-dire : « Mon Dieu, Mon Dieu ! »

Eli, en arabe, se dit : *Ilâhî*, et signifie pareillement « mon Dieu ».

Rappelons que le mot dieu vient du terme latin *deus*, qui tire primitivement son origine de la racine *deiv*, terme lié dans les mythologies à l'idée de « ciel lumineux ».

A l'origine, ni la Tora[2], ni l'Evangile, ni le Coran n'utilisent le mot latin *deus* pour désigner le Créateur.

---

1. Matthieu 27/46.

2. Certaines traductions de la Bible présentent le nom de Dieu sous la forme *Jéhovah*. Il s'agit d'une erreur caractéristique que font ceux qui ne connaissent pas les langues sémitiques. L'expression biblique comprend de façon répétitive deux termes : *Ya huwa Elohim*. Or, le *ya* est un vocatif et signifie « ô », et le *him* est la marque du pluriel de majesté. Si l'on supprime ces deux éléments qui ne sont pas essentiels et sont surajoutés, il nous reste la formule suivante :

Il faut donc prendre conscience du caractère universel du nom propre *Allâh* dans la tradition monothéiste abrahamique.

---

huwa Elah, qui correspond exactement à l'expression arabe répétée dans le Coran : ***huwa-Llâh***, et qui signifie : « Il est, Lui, Allâh. » (Coran, 59, 22-24).

3. Les Prophètes et les Messagers

Afin de guider les peuples et de les préserver de l'idolâtrie ainsi que de toute forme de culte contraire à la dignité humaine, Dieu a choisi parmi les hommes des Prophètes dont le rôle a été de rappeler aux communautés la vérité essentielle :

« ***Et Nous n'avons envoyé avant toi aucun Messager, sans que Nous ne lui ayons révélé qu'il n'y a de dieu que Moi. Adorez-Moi donc !*** » (Coran 21, 25).

Les Prophètes n'étaient que des hommes

choisis par Dieu pour accomplir cette mission difficile, car de tout temps, les peuples se sont progressivement écartés de la voie naturelle et originelle pour se tourner vers des formes d'idolâtrie et de superstition. Et chaque fois, Dieu suscitait la venue d'un Messager ayant pour fonction de ramener les humains à l'adoration pure du Dieu unique. Leur enseignement le plus fondamental consistait à rappeler aux hommes que les idoles de pierre et d'argent, tout comme les passions humaines, ne pouvaient qu'être éphémères, et que le bonheur réel résidait dans la reconnaissance et l'amour de l'Eternel.

Aucun de ces Prophètes, aucun des ces Messagers n'a prétendu être Dieu. Tous étaient au contraire entièrement soumis à leur Créateur. Le Coran conduit ainsi les croyants à faire la déclaration suivante :

« Dites : Nous croyons en Dieu et en ce qu'on a fait descendre sur nous (la Révélation), et ce qu'on a fait descendre sur

Abraham et Ismaël et Isaac et Jacob et les Tribus, et en ce qui a été donné à Moïse et à Jésus, et en ce qui a été donné aux Prophètes, venant de leur Seigneur. Nous ne faisons aucune distinction entre eux. Et à Lui nous sommes soumis (musulmans). **»** (Coran 2, 136).

Notons la dernière expression de ce verset : « ***Et à Lui nous sommes soumis.*** » Elle signifie que l'acte d'adoration ne peut revenir qu'à Dieu seul, et que la foi authentique nous rattache moins au contexte historique de telle ou telle révélation, qu'à la vérité universelle énoncée par chacun des Prophètes. L'identité fondamentale du croyant est ainsi définie dans son rapport à Dieu : on ne peut en aucun cas utiliser le terme *mahométan* pour désigner un adepte de l'Islam. Il est avant tout soumis à Dieu, c'est-à-dire *musulman*. Dans le passé, certains orientalistes se sont servis de cette expression malheureuse par analogie avec le mot *chrétien*, qui nous renvoie au Christ. La soumission, au contraire est une notion universelle qui ne se limite pas à l'avènement historique d'une personne, mais qui embrasse l'histoire humaine depuis les origines de l'univers. Le Coran affirme par ailleurs :

« ***Muhammad n'est qu'un Messager. Des Messagers avant lui sont passés.*** » (Coran 3, 144).

Et lorsque le Prophète Muhammad (ﷺ)[1] mourut à Médine, certains croyants ne voulurent pas l'admettre, tant ils aimaient sa présence et n'imaginaient pas vivre sans lui. Abû Bakr, son fidèle Compagnon, fit alors une déclaration solennelle : « Ô peuple ! Si vous adoriez Muhammad, sachez que Muhammad est mort. Et si vous adorez Dieu, sachez qu'il est le Vivant qui ne meurt point. » Telle est l'exigence du monothéisme musulman : il souligne que l'on ne doit en aucun cas attribuer un caractère divin aux humains, seraient-ils des Prophètes.

---

1. Calligraphie qui signifie : « que Dieu lui accorde Sa clémence et sa paix ». Elle accompagne, par respect, le nom du Prophète Muhammad quand il est mentionné.

4. La soumission

L'Islam affirme donc une vérité universelle dans *le temps* et à travers les âges : tous les Prophètes ont proclamé le monothéisme. On retrouve également ce caractère universel à un autre niveau et dans une autre dimension : *l'espace*. En effet, tous les êtres créés, de la plus infime particule atomique aux astres parcourant la trajectoire de leurs orbites, en passant par les différents règnes : végétal, animal et minéral, tout dans l'univers obéit à la loi divine. Lois physiques, biologiques et cosmiques sont l'expression de la volonté d'un Créateur unique. Or, le Coran nous montre que dans ce vaste univers, l'homme a été créé libre parce qu'il dispose d'une âmc qui lui confère sa réelle dignité : il peut choisir de reconnaître Dieu et de se soumettre, et dans ce cas, il vivra en harmonie avec la création, qui est déjà soumise. Ou au contraire, il peut prendre la décision malheureuse de rester indifférent aux Signes de l'univers qui l'interpellent, ou encore de se révolter contre toute idée d'un Dieu transcendant, et dans cette perspective il vivra en guerre contre l'ordre des choses, en étouffant ses facultés spirituelles et en ignorant la spécificité de sa condition humaine. Dieu dit dans le Coran :

« ***N'as-tu pas vu que devant Dieu se prosternent tous ceux qui sont dans les cieux et tous ceux qui sont sur la terre, et le soleil et la lune et les étoiles et les montagnes et les arbres et les animaux, ainsi que beaucoup de gens ? Et contre beaucoup s'avère le châtiment. Et quiconque Dieu avilit n'a personne pour l'honorer. Dieu certes fait ce qu'Il veut.*** » (Coran 22, 18).

Les éléments de la création énumérés dans ce verset sont donc tous « musulmans », c'est-à-dire soumis à Dieu : la pierre dans sa chute, la plante dans sa croissance et l'astre dans le ciel immense. Cela est vrai sur le plan matériel ou biologique. Mais il existe pour les enfants d'Adam une autre dimension : à la différence des autres créatures animales, la sagesse divine a voulu que cette loi soit transmise aux humains par la Révélation, qui contient des prescriptions et des interdictions. Pourquoi ? Parce que l'homme a été créé doté d'une âme qui en fait un agent libre. Il n'est pas limité par des instincts qu'il suit aveuglément comme c'est le cas pour les animaux. Et il ne vit pas dans la condition des anges, dont Dieu dit dans le Coran qu'ils ***« ne désobéissent jamais à Dieu en ce qu'Il leur commande, et font strictement ce qui leur est ordonné. »*** (Coran 66, 6). Ni ange, ni bête. Créature libre avant tout, et qui aura à répondre de ses actes. Au niveau individuel comme au niveau communautaire, l'homme ne saurait prospérer s'il ignore la loi divine. S'il s'agit bien entendu de parvenir à la maîtrise de nos instincts afin d'éviter les excès au niveau alimentaire comme au niveau de la sexualité, l'Islam ne considère absolument pas que ces caractéristiques animales sont négatives et entachées originellement de vices et d'opprobres. L'homme se doit de satisfaire les exigences de son corps comme les exigences de son âme. L'Islam permet de réaliser cet équilibre en établissant des normes qui permettent d'échapper au désordre social et à la déchéance morale. À titre d'exemple, les relations sexuelles ne se conçoivent en Islam que dans le cadre de l'institution du mariage. Dans les limites d'une relation légitime, le plaisir est considéré comme un bienfait de Dieu.

5. Deux sources : Le Coran et la Sunna

Les deux sources fondamentales de l'Islam sont le Coran et la Sunna. Le Coran est la parole divine révélée au Prophète Muhammad (ﷺ). Les musulmans reconnaissent les Révélations faites aux Prophètes qui ont précédé la venue de Muhammad. Les feuillets d'Abraham, les Psaumes de David, la Tora de Moïse, l'Evangile de Jésus sont des Révélations divines, mentionnées dans le Coran, qui n'étaient pas l'œuvre de ces Prophètes, mais bien la Parole enseignée par

Dieu lui-même. Au cours de l'histoire, aucun de ces textes n'a été conservé de façon intégrale et dans sa langue originale, sinon le Coran qui a été donné à Muhammad, l'ultime Messager de Dieu. Dans l'ensemble du monde musulman, il n'existe qu'une seule version de ce Livre qui n'a jamais été altérée et dont Dieu a assuré lui-même qu'il préserverait l'authenticité : **« *En vérité, c'est Nous qui avons fait descendre le Rappel (le Coran), et c'est Nous qui en sommes gardien.* »** (Coran 15, 9). Muhammad (ﷺ) étant l'ultime Prophète envoyé à l'ensemble de l'humanité, il fallait que le Livre de Dieu fût ainsi conservé afin que tous pussent connaître, sans craindre de se tromper, la volonté du Créateur.

La seconde source est la Sunna, c'est-à-dire la voie suivie par le Messager de Dieu (ﷺ), qui est un modèle pour l'ensemble des croyants. Elle nous est donnée dans des traditions prophétiques appelées *hadiths*, mot arabe qui a le sens « d'événements relatés », et qui désigne les paroles, les actes et les approbations du Prophète. Cette source est indispensable pour vivre la pratique musulmane. Par exemple, le Coran comprend en plusieurs endroits l'injonction de prier : « ***Et accomplissez la prière !*** » Mais il ne précise pas comment, ni selon quelles modalités. C'est la Sunna qui nous permet de le déterminer, le Prophète (ﷺ) ayant dit : « Priez comme vous me voyez prier ! » Ces traditions prophétiques ont été parfaitement conservées et permettent ainsi de se conformer à un modèle humain, la vie du Prophète (ﷺ) ayant pour nous, de ce point de vue, valeur d'exemplarité.

6. L'Islam résumé en un hadith

Un sage musulman disait que s'il croisait un jour en voyage une personne s'intéressant à l'Islam, et s'il ne disposait que de quelques minutes pour lui expliquer sa foi, il n'aurait pas mieux à faire que de citer simplement un hadith célèbre de la tradition islamique. Le voici :

'Umar a dit : « Alors que nous étions assis chez le Messager de Dieu (ﷺ) un certain jour, voici que vint à nous un homme dont les habits étaient très blancs et dont les cheveux étaient très noirs. On ne voyait sur lui nulle trace de voyage, et nul d'entre nous ne le connaissait. Jusqu'à ce qu'il s'assît près du Prophète (ﷺ), plaçant ses genoux contre les siens, et posant ses deux paumes sur ses cuisses.

Il dit : « O Muhammad ! Informe-moi sur l'Islam (*al-islâm*). »

Le Messager de Dieu (ﷺ) répondit :

« L'Islam, c'est que tu témoignes qu'il n'y a de dieu que Dieu, et que Muhammad est le Messager de Dieu ; que tu accomplisses la prière (*salât*), que tu verses l'aumône légale (*zakât*), que tu jeûnes le ramadan, et que tu accomplisses le pèlerinage vers la Maison si tu en as les moyens. »

(L'homme) dit : « Tu as dit vrai. » Nous fûmes étonnés de le voir confirmer la réponse alors qu'il l'avait interrogé. Il reprit : « Informe-moi donc sur la foi (*al-îmân*).»

Le Prophète (ﷺ) répondit : « C'est que tu croies en Dieu, en Ses Anges, en Ses Livres, en Ses Messagers et au Jour dernier, et que tu croies à la prédestination du bien et du mal[1]. »

(L'homme) dit : « Tu as dit vrai », et il ajouta : « Informe-moi sur l'excellence (*al-iẖsân*). »[2]

Le Prophète (ﷺ) répondit : « C'est que tu adores Dieu comme si tu Le voyais. Si tu ne le vois pas, Lui te voit. »

(L'homme) dit : « Informe-moi donc sur l'Heure (dernière). »

Le Prophète (ﷺ) répondit : « L'interrogé n'en sait pas plus à ce sujet que celui qui l'interroge. »

(L'homme) reprit : « Informe-moi sur ses signes précurseurs. »

Le Prophète (ﷺ) répondit : « Ce sera lorsque la servante mettra au monde sa

---

1. La prédestination signifie que rien n'échappe à la connaissance et à la volonté de Dieu en ce qui concerne notre passé, notre présent et notre avenir. L'homme demeure cependant responsable de chacun de ses actes.

2. *Al-iẖsân* est un mot arabe qui veut dire à la fois la bienfaisance et le fait d'exceller dans ce que l'on entreprend. Ici, il signifie le plus haut degré de l'accomplissement de la foi.

maîtresse[1], lorsque tu verras les va-nu-pieds, les déguenillés et les pauvres, les bergers de moutons se livrer concurrence pour habiter la construction la plus haute.[2] »

Puis (l'homme) s'en alla. Je restai un long moment, puis le Prophète (ﷺ) me dit : « O 'Umar, sais-tu qui m'a questionné ? » Je répondis : « Dieu et Son Messager sont plus savants ! »

---

1. Cette parole a été interprétée différemment par les savants musulmans. Certains commentateurs ont considéré que cette expression signifie que les enfants n'auront aucun respect pour leurs pères et mères, les insultant et les frappant. On remarque en tous les cas que ces signes en Islam se présentent le plus souvent sous la forme d'une inversion des valeurs ou de l'ordre naturel des choses : ceux qui vivent normalement dans le dénuement le plus complet se verront attribuer d'immenses richesses. L'allusion aux gratte-ciel et aux buildings est particulièrement intéressante. D'autres traditions authentiques nous apprennent que le soleil se lèvera à l'ouest, ou que le bien sera considéré comme le mal, et le mal comme le bien. Dans l'ordre traditionnel de l'instruction, ce sont les parents qui jusqu'à présent transmettaient à leurs enfants les valeurs

Il dit : « C'est (l'Ange) Gabriel qui est venu à vous pour vous enseigner votre religion. » » (Hadith rapporté par le traditionniste Muslim).

---

qu'eux-mêmes avaient reçues. Les familles regroupaient plusieurs générations et ainsi était préservé ce savoir. La désagrégation de la cellule familiale a déstabilisé ce schéma. La famille dite nucléaire ne permet plus la transmission du savoir traditionnel. Bien plus, c'est aujourd'hui un rapport inverse qui s'installe dans nos mœurs avec l'accélération des progrès techniques et informatiques : l'enfant rapporte de l'école une instruction et des connaissances que ses parents n'ont jamais reçues. Claudine Attias-Donfut, co-auteur d'une enquête récente sur la famille (*Le Nouvel esprit de famille*, éd. Odile Jacob 2002), affirme dans une interview : « …l'influence ne s'exerce pas seulement dans le sens des plus âgés vers les plus jeunes, mais aussi des plus jeunes vers les plus âgés. Il y a là un *renversement* : les plus jeunes ont aujourd'hui tendance à transmettre un certain nombre de valeurs, de connaissances, d'informations à leurs aînés, à leurs ascendants. »

2. Autre traduction possible : « vivre hautainement dans des maisons construites ».

7. Doctrine et mode de vie

Ce hadith montre que la foi musulmane nous engage sur une voie qui permet un approfondissement sans fin de la spiritualité :

L'Islam est ainsi *une pratique extérieure* comprenant cinq piliers : le témoignage de foi (le fait de dire : « Je témoigne qu'il n'y a de dieu que Dieu et que Muhammad est le Messager de Dieu »), la prière, l'aumône légale purificatrice appelée *zakât*, le jeûne du mois de ramadan, et le pèlerinage pour celui qui en a les moyens.

La religion musulmane comprend cependant un aspect plus essentiel qui relève de *notre vie intérieure*. Ce sont les six piliers de la foi, qui consistent à croire en Dieu, en Ses Anges, en Ses Livres, en Ses Messagers et au Jour dernier, et à la prédestination du bien et du mal.

A cela s'ajoute une approche et une élévation vers Dieu : l'homme peut accéder à la plus haute sphère de la spiritualité, en vivant dans la conscience de la présence divine, dans un rapport intime et une plénitude qui donnent tout son sens à sa vie.

Il est utile de remarquer ici que l'Islam englobe ces trois degrés et que par conséquent nul ne peut prétendre accéder au degré de l'excellence (*al-ihsân*) s'il ne commence par appliquer et mettre en pratique les préceptes de l'Islam, comme la prière et le jeûne.

8. Le comportement moral et social

On peut remarquer également que le terme *al-iẖsân*, qui désigne la perfection et l'excellence dans l'approche spirituelle de Dieu, sert également à définir le meilleur comportement : *al-iẖsân* signie aussi la bienfaisance, le « bel-agir », le fait de parfaire ce que l'on entreprend. L'Islam ne dissocie pas ainsi la vie spirituelle de l'engagement social. S'il peut être recommandé de se soustraire parfois à l'agitation de la vie quotidienne pour se retrouver soi-même, cela ne doit pas pour autant nous empêcher d'agir pour le bien de tous et de participer à l'œuvre collective et aux efforts de tous ceux qui nous entourent. L'éthique musulmane se fonde moins sur la peur du gendarme que sur la conscience intime que Dieu nous observe mieux que quiconque, et qu'Il sait parfaitement nos intentions. Seul ce rapport direct avec notre Créateur peut nous conduire à une réforme sincère et authentique de notre comportement. Plus nous aurons conscience de Dieu, plus notre foi sera forte. Plus notre foi sera forte, plus notre comportement traduira les exigences de notre conscience. Le Coran définit ainsi des sphères de priorités en commençant par nos parents et nos proches. Il énumère ensuite les catégories de ceux qui, défavorisés par les circonstances de la vie, méritent particulièrement notre attention :

« ***Et lorsque Nous avons pris l'engagement des fils d'Israël : Vous n'adorerez que Dieu, et (manifesterez de la) bienfaisance (ihsân) envers les père et mère, les proches*** *parents, les orphelins et les pauvres. Et dites aux gens de bonnes paroles, et accomplissez la prière et acquittez-vous de l'aumône légale.* » (Coran 2, 83).

1. Piété filiale, liens de parenté et bonté

On remarque ainsi que dans ce verset, la piété filiale, les liens de parenté et la bonté envers les déshérités sont mentionnés après l'exigence du monothéisme.

2. Vie conjugale

La foi authentique doit aussi se traduire par une attitude exemplaire dans la vie conjugale. Le Prophète (ﷺ) affirmait ainsi : « Le plus parfait des croyants est celui qui a le meilleur caractère. Les meilleurs d'entre vous sont ceux qui sont les meilleurs pour leurs épouses. » (Rapporté par le traditionniste At- Tirmîdhî).

Le Coran montre très clairement quel devrait être la nature des liens conjugaux :

« ***Parmi Ses signes est qu'Il a créé à partir de vous-mêmes, pour vous, des épouses, pour que vous trouviez auprès d'elles le calme et le gîte et qu'Il a établi entre vous des liens de tendresse et de miséricorde. Il y a en cela des signes certains pour des gens qui méditent.*** » (Coran 30, 21).

3. Rapports avec les non-musulmans

Les musulmans se doivent également de développer les meilleurs rapports sociaux avec ceux qui ne professent pas leur foi. Le Coran affirme ainsi :

« ***Dieu ne vous défend pas d'être bons et équitables envers ceux qui ne vous ont pas combattus pour la religion et ne vous ont pas chassés de vos demeures. Dieu aime les équitables.*** » (Coran 60, 8).

La bonté, la charité, la piété et l'équité animent le musulman lorsqu'il se tourne vers ses frères humains. Seule viendra troubler cette harmonie la nécessité de la légitime défense dans certains cas. Le Coran ajoute en effet :

« ***Dieu vous défend seulement de prendre pour alliés ceux qui vous ont combattus pour la religion, chassés de vos demeures et ont aidé à votre expulsion. Et ceux qui les prennent pour alliés sont les injustes.*** » (Coran 60, 9).

Défendre ainsi sa vie, son honneur et la justice est une obligation en Islam, lorsque des hommes, des femmes et des enfants sont sauvagement agressés. Alors effectivement, l'Islam autorise dans ces circonstances précises le combat dans la voie de Dieu :

« ***Autorisation est donnée à ceux qui sont attaqués (de se défendre) - parce que vraiment ils sont lésés ; et Dieu a certes en Son pouvoir de les secourir. Ceux qui ont été***

expulsés de leurs demeures, contre toute justice, simplement parce qu'ils disaient : « Notre Seigneur est Dieu. » (Coran 22, 39-40).

9. Une religion universelle de paix entre les peuples

Si les hommes n'étaient pas si avides, s'ils n'étaient pas poussés, aujourd'hui encore, par la volonté folle d'amasser le plus de biens possibles et d'imposer par les armes leur pouvoir à des peuples martyrisés, alors cette terre serait un havre de paix et d'harmonie. Il y a plus de quatorze siècles, en des termes éloquents qui ne pouvaient être ceux d'un homme illettré vivant en une terre aride, mais bien ceux du Créateur unique qui parla à Abraham, Moïse et Jésus, le Coran affirmait :

« Ô gens ! Nous vous avons créés d'un mâle et d'une femelle, et Nous vous avons fait de vous des peuples et des tribus pour que vous vous entre-connaissiez. Le plus noble d'entre vous, auprès de Dieu, est le plus pieux des vôtres. Et Dieu est Omniscient et parfaitement Connaisseur de toute chose. » (Coran 49, 13).

Lors de son sermon d'adieu, que le Prophète (ﷺ) fit trois mois avant sa mort, il déclara solennellement devant plus de 140 000 pèlerins :

« Ô peuple ! En vérité, votre Seigneur est Un, et votre ancêtre est un : vous descendez tous d'Adam et Adam a été (créé) de terre.

Le plus digne d'entre vous auprès de Dieu est celui qui Le craint le plus.

Aucun Arabe n'a de supériorité sur un non-Arabe : vous ne vous surpassez que par la piété.

Ai-je donc fait parvenir le Message ? Ô Grand Dieu, sois Témoin (que j'ai transmis Ton Message) ! »

Sur quoi la foule répondit : « Oui ! »

Et lui d'ajouter :

« Ô vous tous présents, faites parvenir ce message aux absents. »

Table des matières